AF392695

365 DÍAS PARA ESCRIBIR

ExLibric

DAVID GONZÁLEZ ARCAS

365 DÍAS PARA ESCRIBIR

EXLIBRIC

ANTEQUERA 2022

365 DÍAS PARA ESCRIBIR
© David González Arcas
Diseño de portada: Dpto. de Diseño Gráfico Exlibric

Iª edición

© ExLibric, 2022.

Editado por: ExLibric
c/ Cueva de Viera, 2, Local 3
Centro Negocios CADI
29200 Antequera (Málaga)
Teléfono: 952 70 60 04
Fax: 952 84 55 03
Correo electrónico: exlibric@exlibric.com
Internet: www.exlibric.com

ISBN: 978-84-19269-57-7
Depósito Legal: MA 891-2022

Nota de la editorial: ExLibric pertenece a Innovación y Cualificación S. L.

DAVID GONZÁLEZ ARCAS

365 DÍAS PARA ESCRIBIR

Índice

1. El tiempo

En la vida siempre hay un antes y un después, y el después son los cambios como consecuencia de las acciones ocurridas en el antes; pues bien, lo cierto es que esta historia trata sobre cómo ese antes y después en la vida es más que una simple grieta en el camino. Hay personas que, por suerte en la vida, nunca llegarán a darse cuenta de cuál es ese momento, y hay otras que más que una simple grieta es un abismo en el que por más que intenten escalar nunca se creerán capaces de salir de él.

Los momentos previos en tu vida a acontecimientos grandes siempre los vas a sentir. Hay una energía que te llega, la cual sabes que ese algo bueno o malo está a punto de llegar; que ese antes o después en tu vida está al caer; que nada va a volver a ser como era; que va a haber cambios y que necesitarás esforzarte mucho para no solo acostumbrarte a ello, sino para estar preparado para lo que va a seguir llegando. Que nada es como pensamos que es en realidad, y que la vida es mucho más jodida que un simple cuento de princesas pintado de rosa con un príncipe azul que te salvará de todo; que siempre vas a tener que esforzarte por llegar lejos en el camino por convertirte en aquella persona que algún día estás deseando ser, y que, por muy bien que vengan las cosas, por muy de buena familia que seas, seas quien seas, te llames como te llames, o seas del color que seas, siempre te vas a tener que esforzar por aquello que realmente para ti merece la pena.

El tiempo no se detiene, el tiempo va de ida y sin ruta de regreso, el tiempo no espera a nadie; que es la Tierra la que gira y que no somos nosotros, que todo lo demás son sensaciones que mostramos en un momento determinado. Como cuando se te eriza la piel ante una emoción fuerte, o como cuando lloras porque no puedes más y no sabes el porqué. Para mí el tiempo es aquello a lo que solo le echamos cuenta cuando nos falta, como cuando nos planteamos más en valorar todo aquello que nos rodea, pero que realmente se nos olvida hacerlo al acabar el día y solo nos damos cuenta cuando nos falta aquello que creíamos que nunca iba a faltar; eso es para mí el tiempo. Ni siquiera es una unidad de medida, sino algo que pensamos que es interminable, y cuando menos te lo esperas miras a tu alrededor y no hay más, se acabó, llegó el momento, y entonces es ahí cuando lo detienes, es ahí cuando se te queda grabado aquello que perdiste, cuando no has conseguido detenerlo antes y se detiene por arte de magia; es en ese momento cuando ya no hay vuelta atrás.

El día que salga este libro, no sabre qué será de estas palabras, ni dónde estarán, ni siquiera si pensaré lo mismo, pero también quizás sea el día en el que tome la decisión de mostrarle al resto que la vida es muy jodida y que verán cosas con ciertas edades que quizás nunca debieron ver, pero que aun así hay que reponerse de todo y brillar por uno mismo, y convertirte en la persona que un día quisiste convertirte teniendo en cuenta todo esto.

Siempre tenemos muchos caminos que tomar en esta vida, y escribir este libro fue uno de los más importantes de la mía. Quién diría que un teclado y mi memoria serían mi mayor refugio para evadirme de la realidad que me rodeaba en el día a día, el delirio del recuerdo, el agotamiento del trabajo y la tristeza de no poder coger todos los días el teléfono para llamar a la persona que más orgullosa estuvo de mí toda la vida para poder contarle qué tal van las cosas por aquí.

Una realidad, como un jarro de agua fría, como estar perdido bajo la lluvia sin saber dónde estás o cómo vas a volver; así es como escribía este libro, con la piel de gallina en cada frase que ponía y con los ojos llorosos ante el mayor desafío que me puso la vida para afrontar aquello que nunca sería capaz de afrontar. Es cierto que cada vez que te levantas te haces más fuerte, que cada vez que dejas de mirar hacia atrás es un paso hacia adelante, pero lo cierto es que solo era un chaval de dieciocho años que no tenía ni p*** idea de lo que va la vida, incluso habiéndole pasado todo lo que le pasó.

2. Yo

David era un niño diferente de dieciocho años, que cuando menos se esperaba su vida daría un vuelco total de 180°. Él era un niño con sonrisa de oreja a oreja, que día tras día cada dificultad la afrontaba como una nueva oportunidad para aprender. A lo mejor no era tan diferente como parecía, un niño al que no le gustaba estudiar y que su estación favorita del año era el verano; ¿qué tiene eso de diferente al resto, verdad? La diferencia de David iba a ser en la manera de pensar y de actuar que tenía simplemente con su edad, muy maduro para esta, algo que le podía traer buenas pasadas, o malas, si hablamos de la experiencia escasa aún vivida.

David era un tanto vago con los estudios, pero inteligente, muy trabajador en el resto, pero hacer algo obligado no iba con él, tenía muchas ambiciones en la vida y siempre quería dar más de sí para conseguir sus objetivos. Él era un niño muy sociable, amigo de sus amigos y muy popular entre la gente de su edad —aunque no solo entre la de su edad—.

Con proyectos y con el futuro claro, un tanto cabezota y desinteresado ante todos por querer buscarse sus propios objetivos solo; quizás el recibir ayuda no fuera su plato fuerte, hasta que un día reconociera que la ayuda siempre suma y nunca resta. Un niño un poco peleón en casa que había sufrido grandes adversidades dentro de su familia y al que, por desgracia, lo peor todavía le quedaba por venir. Quizás ese fuera su argumento para mostrarse un poco arisco ante sus familiares, el no saber que el día que le faltasen no habría vuelta atrás. Todo lo cuestionaba y a todo le ponía duda, quizás sería ese miedo a defraudar a los demás si no lo hacía como él lo tenía planteado todo al milímetro; un miedo que por mucho tiempo le trajo ansiedad, taquicardia, malos rollos, problemas en el colegio y fuera de él, y sobre todo una distracción por la cual cambiaría con los años de una manera espectacular.

Así es como se describiría el autor en la adolescencia, un niño de los que no hay que tomar ejemplo en esa fase de la vida, pero sí en la posterior, donde supo reponerse de todo esto y dar un gran cambio en su personalidad, físico y educación; y tanto que a día de hoy está orgulloso de ser quien es porque nunca es tarde para hacer cambios en uno mismo y siempre vienen bien. Así se argumentaría ahora mismo el adolescente, que por mucho que crezca siempre quedara un cachito de él en su memoria para aprender de lo que fue.

David nació en un pueblo al norte de Málaga, creció y se educó en un colegio de monjas, lo que hizo que en gran parte sus valores fueran algo así como espirituales. Una mañana de Año Nuevo se levantó hablando solo —a todos nos pasa que quien mejor nos entiende somos nosotros mismos—, reflexionando sobre la vida dijo en voz alta como si alguien lo escuchara: «Alguien me enseñó una vez que no es más grande el que más tiene o el que más lejos llega, sino el que más comparte y celebra sus triunfos con el de al lado. Ser una gran persona es algo que llevaba dentro de mí desde que tenía uso de razón; por eso siempre agradeceré a la vida todo lo que tengo por mucho que la vida me quite, siempre agradeceré llegar a donde llegué por muy en el camino que me quede, porque la actitud no es la de abandonar, sino la de intentar una y otra vez llegar donde esté el objetivo». Parecía algo así como motivándose de cara al año nuevo.

Este chico provenía de una familia humilde en la que todo esfuerzo no se conseguía sin una sola gota de sudor, eso es algo que se le metió entre ceja y ceja, y que por muy corto que se quedara nunca llegaría a defraudar a los suyos si lo había intentado hasta el final.

Tenía un objetivo: crecer, aprender y llegar allí donde algún día se propusiera llegar y que prometería a su padre; allí donde sabe que lo volverá a ver orgulloso de él; allí donde cada día sea despertar sin lágrimas porque gire la cabeza y esté su imagen de frente. Cada uno tiene un objetivo en la vida, y el suyo, por muy sencillo que parezca, era no olvidarse nunca de ser quien él le hizo ser.

Para ser sinceros, no voy esconderme detrás de la conjugación de los verbos en tercera persona de la lengua española, soy el narrador en primera persona de este libro, tengo dieciocho años y vengo a contaros quién soy y qué pasará con mi vida en el año fatídico de 2021. Provengo de una familia un poco corta en miembros familiares y muy trabajadora en la que me han educado desde chico y me han inculcado que quien algo quiere algo le cuesta y que nunca nadie me regalará nada. Tengo dos hermanas mayores a las que poco le digo «te quiero», pero a las que lo hago con todas mis fuerzas. Mi madre, la que me lo dio todo y ha pasado «sinsabores» por mí y por todos; le debo la vida y quizás algo más, el día en que me quedé huérfano de padre tuve mi refugio en ella y nunca me reprochó nada, ni ninguna decisión de las que tomé en mi vida posterior al acontecimiento más trágico de mi vida. Y mi tía, mi segunda madre, la que me cuidó desde la cuna, la que me bautizó y me dijo que nunca me faltaría nada a su lado; qué humilde, es la misma bondad y cómo me lo ha enseñado ella desde chico. Y, por último, mi hermano, no es de sangre, pero siempre lo dije y siempre lo diré: nunca nadie me había enseñado qué era la amistad hasta que mi propio padre lo hizo llamar «su hijo», te acuerdas de ese día, ¿verdad? Desde aquel día hemos pasado «sinsudores» juntos y me costará la vida olvidarme de ti, siempre mantendré esa promesa a mi padre, la cual era que nos vería crecer juntos, que nos vería triunfar juntos y que nos vería ser hermanos juntos; sigo manteniendo mi promesa. Pues bien, esta es mi familia principal, la que estuvo a mi lado siempre y nunca me soltó; no serán las mejores personas, pero estoy seguro de que no hay mejores personas de acompañamiento en la vida. No me puedo olvidar de mis amigos, que sufrieron de lo lindo a mi lado, y aunque no sea normal contar mi vida y meter a todo el mundo en ella, el caso está en que sin cada una de esas personas yo no habría salido de ese pozo sin fondo en el que un día entré.

Paro, pienso, hago un salto en el tiempo y me planteo qué fui y en quién me he convertido; pasé de ser un testarudo, vago y sin vida social a ser el niño que con mi edad siempre he querido ser. Tener fuerza y capacidad para tomar mis propias decisiones es lo que me ha convertido en el niño valiente y sin miedo a equivocarme que hoy soy.

Si paro y echo la vista atrás aún puedo recordar lo feliz que algún día fui en mi infancia, todos lo hemos sido. Cuando la mayor de tus preocupaciones era simplemente levantarte para la hora de la comida y volver a echarte para dormir la siesta, un niño de la infancia de esos que salían a la calle con los vecinos a coger el balón de futbol; de lo que nos preocupábamos era de que no cayera cuesta abajo o de tener que parar cada vez que pasaba un coche.

Hoy miro con añoranza todo ese tiempo, lo feliz que fui cuando las vacaciones en familia eran sol, playa y Nintendo, nadie se peleaba por lo que hacer, puesto que eran tus padres quienes lo decidían.

Cuando por lo que llorabas no era por amor, no era por la muerte de alguien, ni siquiera era por el agobio del día a día que la sociedad ha creado con este estrés de no parar nunca de hacer cosas. Llorabas porque te habías caído en el parque, que estaba lleno de piedras; llorabas porque se te había embarcado el balón y esa tarde no podías volver a jugar con él, aunque en el fondo supieras que mañana ibas a tener otro nuevo; llorabas porque te daba miedo dormir con la luz apagada; llorabas porque tenías hambre, o simplemente porque no querías estar más en el bar con tus padres.

Hoy, si echamos la mirada atrás, nos damos cuenta de lo que cambia el tiempo, nos damos cuenta de que parece que toda nuestra vida la pasamos como en un viaje, recordando viejos tiempos que nos hacen sacarnos esa sonrisilla melancólica. Hoy en día lloramos porque nuestras fuerzas flaquean, porque el tiempo ha pasado demasiado rápido y no hemos sabido valorar las cosas en cada momento; hoy en día nada es como era antes, pero la pregunta te la haces tú mismo cuando te planteas que si miras atrás y comparas con el hoy y eres capaz de decir que has crecido como te gustaría y que te estás convirtiendo en lo que un día de chico soñabas.

Así os empiezo a contar la peor época de mi vida, que más que un simple refugio para aquel niño que cambió tanto de unos años a otros, es un refugio y una identidad para aquellas personas con las que la vida no se portó como debía con ellas; porque no siempre al bueno es al que le llegan cosas buenas, y porque siempre los que menos se lo merecen son los que se llevan la peor parte.

Después de no parar de escuchar miles y miles de veces que me pusiera a escribir un libro… que yo servía para esto… que debo hacerlo… me puse en disposición de intentarlo. Como ya he dicho antes, no soy una persona que se deje guiar mucho por lo que dice la gente, ni criticas malas, ni consejos; ni siquiera me dejo ayudar. Si por alguna razón supe que debía escribir esto fue para poder tener un desahogo que nunca quise tener con nadie; siendo el más pequeño de la familia —pero mostrándome el más fuerte—, nunca quise que nadie me viera soltar una lagrima, siempre supe que si yo caía lo míos venían detrás, y es algo que no podía permitirme. Quizás mucha presión para un adolescente solamente, pero era el único motivo que me hacía seguir adelante, ser el apoyo de los míos en las noches negras de un año oscuro. No me quedaba otra, fue tomármelo como un reto, yo siempre he sido más de callarme las cosas, afrontarlo todo yo solo, los éxitos y las derrotas corrían como consecuencia de las acciones que yo planteaba a lo largo de mi vida y lo cierto es que, sin miedo a equivocarme, no me iba mal del todo. Crecer a base de errores y porrazos es lo que te hace crecer y es lo que yo hoy quiero mostrar al escribir este libro; por eso, sin ánimo de querer creerme mejor que nadie, empezaba así la narración de una historia que encogerá el corazón a más de uno y que le dará que aprender a otros.

3. Un día no tan normal

Era un 29 de marzo como otro cualquiera. Mi mañana iba a ser tan normal como otra cualquiera, la mañana de un chico de dieciocho años recién cumplidos, de padres divorciados y de familia trabajadora; un día normal, en principio, en el que todo iba a empezar a torcerse en cuestión de horas.

El caso es que me levanté como cada mañana, me hice de desayunar y llamé a mi padre, que estaba trabajando, algo que hacía todas las mañanas. El día iba a ser un poco complejo, yo era jugador de futbol sala de una segunda división andaluza, competía cada día por hacer el sueño realidad de ascender a mi pequeña ciudad a lo más alto de la comunidad autónoma andaluza. Como capitán del equipo e hijo de uno de los cofundadores de este club, ese era mi principal objetivo.

Como cada mañana, yo me levantaba ya concentrado en el partido y ponía todo a punto para una de esas tardes en las que El Maulí vibraría con el equipo. Llamaba a mi padre para poner a punto su hora de llegada, que, como cada día, él era incapaz de perderse un partido, ni siquiera un entrenamiento; ese era mi mayor apoyo diario, verlo disfrutar de un hijo patoso, pero capitán de su equipo que se esforzaba como el que más por sacar lo mejor de cada uno.

Aquel día era importante, si ganábamos nos colocábamos líderes de la categoría, algo que nadie en la ciudad se quería perder, los nervios corrían a flor de piel, era la oportunidad de hacer historia por primera vez desde hacía cuatro años, que se creó el club.

Mi padre, al estar trabajando, me dijo que ese día no vendría a comer, y yo, como en cada ocasión, prepararía el macuto y me iría a comer con mi madre y mis dos hermanas. Lo que no sabíamos ninguno es que ese momento especial y extraordinario en el que yo comía con ellas dejaría de ser extraordinario para convertirse en rutina.

Una vez que llegué a casa de mi madre, y con el olor a pasta cocida que se respiraba en casa siempre antes de un partido, el tiempo empezó a correr más lento de la cuenta, y es que a veces no nos damos cuenta, pero el mundo a nuestro alrededor se paraliza y el tiempo deja de correr; un simple pensamiento, una sola llamada, algo estaba por venir que nadie intuía en un clima de nerviosismo ya de por sí en un día tan importante como aquel para la familia.

De repente, empezó a vibrar mi bolsillo, y una melodía salía del fondo: el móvil estaba sonando, detrás de esa llamada se iban a esconder las mayores sensaciones que a una persona le pueden atravesar; dolor, incertidumbre, estrés, agobio… Cogí el teléfono con indecisión, puesto que la persona que llamaba había hablado conmigo no hacía mucho y algo raro pasaba. ¿Os acordáis del principio cuando dije «ese momento lo sientes que duele como si algo pasara y no sabes el qué?». ¿Esa energía de la que hablaba al principio? Pues bien, sería la peor llamada del resto de mi vida, ese preciso instante, sobre las 14:35 del mediodía, el antes y el después de mi vida había llegado, ese agujero negro del cual por más que escales crees que nunca saldrás, empezaba a hundirme sin fondo ninguno en él.

Cuando cogí el teléfono, una voz angustiada, como era aquella voz de mi tía, me dejaba con la cara de tonto más extraña de mi vida. Mi tía, con cierto nerviosismo, me dijo que me preparara, que venía a recogerme, como si de una urgencia se tratara; algo pasaba que ni yo ni nadie sabía, porque ni siquiera para explicaciones había tiempo.

Quién diría que una mañana que empezaba siendo tan normal como otra cualquiera estaba empezando a torcerse de un momento a otro delante de nuestras narices y ni siquiera nos dábamos cuenta, que aquel sol resplandeciente empezaría a verse cubierto de nubes negras para algunos y que nuestra vida estaría a punto de cambiar por completo.

No mucho después de colgar el teléfono, y casi que a la velocidad de la luz, aquel coche —del que conocía el sonido del motor como la palma de mi mano— se asomaba por la esquina de mi casa casi a dos ruedas para hacer la parada en boxes más rápida de mi vida; como si de una carrera de Fórmula 1 se tratara, pero sin ser un juego, mi hermana grande y yo nos montamos súper rápido y nos dirigimos rumbo a la A-92, kilómetro 113, dirección Sevilla, un kilómetro que se me clavaría en el pecho a flor de piel.

Después de tanto detallismo e incertidumbre os preguntaréis qué pasa, por qué todo esto, que a qué viene; pues bien, empecemos a explicarlo. Esa llamada, la cual dije antes que supondría el antes y el después de mi vida, fue una llamada de auxilio de mi padre, aquel por el cual estás leyendo este libro, una llamada inesperada a toda costa. Mi padre era de aquellos que si te llamaban pidiendo ayuda es que realmente pasaba algo, y no podía dudar ni un segundo, porque ya era demasiado tarde, y así iba a ser. No dudamos ni un segundo en salir corriendo hacia la dirección que él nos dio porque sabíamos que ya íbamos tarde.

Una vez montados en el coche me empezaba a comer de nerviosismo esa duda que genera el no saber hacia dónde vas ni por qué vas, esa energía que me decía que algo malo estaba por pasar y que necesitaba respirar de alguna manera, pensar que lo que pasaba por mi cabeza no era real y que no era para tanto como yo me lo estaba imaginando; pero, desgraciadamente, cuando alguien está conectado a ti, por sangre, corazón y energía y lo conoces al cien por cien de tus capacidades, sabes que algo pasa.

Mis ojos empezaban a darse cuenta de que lo que pasaba por mi cabeza era real, las lágrimas se dejaban caer como si de un río abajo se tratase, las uñas empezaron a desgastarse después de estar todo el camino comiéndomelas, y mi memoria empezaba a recordar viejos recuerdos sin yo quererlo; era como si el destino me mandara una señal para irme preparando a aquello que estaba por venir. En un clima de tensión, quién me iba a decir a mí que un día tan normal y corriente, estar montado en el coche —en el cual pasaba gran parte de mi vida prácticamente— solo era un presagio de un mal augurio que estaba por venir. El velocímetro marcaba 140 por la autovía, nos dirigíamos hacia el lugar del encuentro, yo ante la duda llamé a mi padre para saber si seguía o a ver qué pasaba, casi sin poder hablar me dijo que me quería y que me diera prisa; yo, sin dudarlo ni un segundo y para no agotar sus pocas fuerzas, colgué y volví a marcar, pero esta vez no sería su número, sino a la ambulancia, algo estaba pasando y ya íbamos tarde. Necesitábamos ganar tiempo de alguna manera, y simplemente estar sentados en el coche sin saber qué hacer y sin poder darle ayuda no era consuelo para mí, y no me quedaba otra que realizar aquella llamada.

A pocos kilómetros de ver aquel camión blanco de mi padre el velocímetro no hacía más que subir, el corazón empezaba más fuerte a latir, el tiempo empezaba a pararse, las piernas se agitaban más y más rápido cada vez de los nervios, y corríamos tanto con el coche que al final la tragedia pudo ser peor. Cuando el coche en el que íbamos montados se detuvo no dudé ni un segundo en salir disparado, abrir el camión y ver qué cojones pasaba allí. Y aquí paro.

Aquí paro, porque por mucho que quiera contar, por mucho que quiera narraros o por mucho que quiera rendirle homenaje al hombre de mi vida, por mucho que quiera expresar cómo me sentí en aquel momento nunca se va a poder. Aquellos minutos solo puedo describirlos de alguna manera, y es dando gracias; gracias porque aún con los pelos de punta y recordando el momento todavía puedo sentir su respiración en mi oreja, el ultimo «te quiero», el último beso antes de caer. Mi vida se paralizó, al igual que en ese justo instante parecía que nos estábamos yendo juntos, poder escuchar su voz por última vez es algo que nunca borraré.

Dicen que los tatuajes no se borran por estar con tinta en la piel, y para mí un tatuaje es aquel que no se borra por estar con fuego en el corazón; ese es mi mayor tatuaje, aquel momento en el que sabía que nada tenía vuelta atrás y que me pude despedir de la persona más grande que pasó por mi vida.

No obstante, intentando hacer cualquier cosa por salvarlo, lo eché al suelo mientras un hombre bondadoso trataba de ayudar y la Policía llegaba, los intentos de reanimación fueron en balde, y los servicios sanitarios no llegaron para verlo con vida, algo que nunca olvidaré.

Entre lágrimas llamé a las dos personas más importantes que faltaban en el lugar, todavía recuerdo que mi hermana y mi madre no podían creer lo que estaba pasando, mi tío llegaba poco después y sobre las cuatro de la tarde se confirmó la noticia. El día dejó de ser soleado para ser negro, el tiempo volvió a moverse, y nuestras vidas habían cambiado por completo; sin uñas, sin ganas, sin consuelos, con lamento, solo me quedaba despedirme de él, solo me quedaba asimilar algo que nunca en mis cabales asimilaré.

Las horas posteriores en el lugar del acontecimiento se hicieron eternas, el teléfono no paraba de sonar para ver qué estaba pasando, el frío entró en nuestro cuerpo de una manera terrible, las fuerzas se empezaron a venir abajo, mis preocupaciones iban en aumento; no era real, no me lo quería creer, aún con su cuerpo presente me acerque a él y una lagrima cayó encima de su rostro pálido como si de una película se tratara en aquel momento. Miradas perdidas, pensamientos tratando de explicar qué es lo que había pasado, la angustia se encaminaba por nuestro cuerpo, el móvil seguía sonando, la tensión subiendo, el poquillo sol que quedaba comenzaba a ponerse, el día paso de tener veinticuatro horas a tener cerca de cincuenta.

En aquel momento, nada importaba, el fútbol no importaba, el trabajo no importaba, los errores del pasado no importaban, solo importaba él, solo importaba mirar para cualquier lado y ver el rostro envejecido de las personas que nos importaban alrededor, mirase donde mirase no había ni una sola cara que no mostrara lo que estaba pasando en el momento, aquel desconcierto, aquellas dudas del «¿y ahora?», que no se me van a olvidar en la vida.

Y a veces es un golpe de realidad el que hace que te des cuenta de todo, así es como una lección de la vida me quiso explicar de una manera u otra para qué habíamos venido al mundo; explicar que pasarse cincuenta y cinco años de la vida trabajando duro sin poder disfrutar ni un solo segundo de ella para acabar así también era parte de este juego, que parecía que lo podíamos ganar de una manera u otra, y que no habíamos caído en ningún momento, que el juego lo habíamos perdido desde el momento en que nacimos.

Y así es como un día te levantas y ves que lo que iba a ser normal acaba de ser el peor de tu vida, y aún faltaban horas de día. Acababas de ver a tu padre despidiéndose encima de ti mientras tú pensabas en donarle tu vida; un día en el que te levantas siendo joven, queriéndote comer el mundo y al final es el mundo el que te engulle sin masticarte. Parecía que tenía veinte años más encima, no sabía si echarle la culpa a levantarme con el pie izquierdo o el no haber sabido llegar a tiempo, no sabía si había hecho bien en ir, ni siquiera era capaz de asimilar que aquello era real, asimilar qué es lo que había pasado, asimilar cómo habíamos llegado hasta aquí.

4. Kilómetros

Justo después de todo lo vivido en aquel momento, cuando el tiempo volvió a correr, cuando el último adiós en vida ya se había producido, cuando la realidad te daba de frente como si te estamparas contra un muro, tocaba pellizcarse y saber que toda realidad duele, que toda verdad te da por todos lados como si se tratara de un canto de luces golpeándote una y otra vez.

Volvíamos a casa desilusionados, con los ojos cansados de llorar porque, aunque no lo pareciera, se lloró tanto que, aun sabiendo que nos quedaba el resto de nuestras vidas sin él, parecía que ya no nos quedaban lágrimas; en la cabeza un dolor agudo y los párpados se cerraban queriendo irse a dormir y despertar el día anterior. Volvimos a cruzar la esquina de la calle, aquella donde el coche que conocía como la palma de mi mano había cruzado horas antes haciendo el boxes más rápido de la historia, esta vez a cámara lenta, con el dolor y los sentimientos ya sin ser pálpitos, sino realidad, con la multitud de gente esperando en la puerta de la casa queriendo ayudar, queriendo estar allí, sin dejarnos solos, sin querer que nos viniéramos abajo, intentando dar el pésame de la mejor manera, y la verdad que era de agradecer; familiares, amigos, primos lejanos, todos allí ya esperando nuestra llegada, una llegada de angustia que no sabíamos ni qué decir cuando preguntaran.

Esa noche me fui a descansar con desánimo, como es lógico, con controversia, me fui por quitarme del medio, pero cualquiera diría que pasarse pensando toda la noche boca arriba mirando al techo de la habitación donde había crecido y con los ojos como búhos se le llamaría descansar. No sé si por el agotamiento psíquico, mental o físico que había tenido durante todo el día, no sé si por los nervios, si por miedo a dormir y despertar al día siguiente sin él, no sé el porqué, pero el caso es que no se descansó, y al día siguiente estaba despierto al escuchar el cantar del gallo y el amanecer había perdido el sentido, ¿cómo explicarle todo esto a alguien cuando te preguntan qué tal has pasado la noche? En la noche más larga de mi vida, qué ingenuidad, ¿no? Preguntar qué tal has pasado la noche apenas ocho horas después de que se haya ido el pilar que te sostenía no solo a ti, sino a tu familia entera.

El día era duro, cuando al principio de esta historia puse: «Destino a ese lugar, con el velocímetro que iba a 140, dirección kilómetro 113 de la autovía de Sevilla» no era por gusto, sino porque el lugar donde ocurrió era relevante. Como ya sabéis, soy de un pueblo de Málaga, y, como ya os podréis imaginar, los trámites de defunción no se iban a llevar a cabo en Málaga, sino en Sevilla; el motivo de que mi padre se encontrara allí fue porque él era transportista y se dirigía hacia allí.

Esto no iba a quedar en balde cuando tomé la decisión de incinerar al corazón más grande de todos, y eso iba a pasar en Sevilla, sobre la una del mediodía poníamos rumbo a la capital andaluza, allí nos reuniríamos con el cuerpo de mi padre y allí sería el viaje más duro de mi vida. Nunca más fue plato de buen gusto pasar por aquella carretera, y entre llanto y cansancio llegamos a esperar que su cuerpo fuera totalmente incinerado. A la vuelta, y entre tanto llanto, con la urna en las manos, pasaron de ser dos horas por carretera a dos minutos, quemando rueda nunca pensé que fuera tan complicado volver a casa, hechos polvo y con polvo entre las manos solo nos quedaba reunir las cualidades perfectas para proporcionarle a mi padre el mayor funeral que uno recuerde nunca, se lo debía y no iba a quedar en balde.

Cuando dicen que hay que tener contactos en todos lados no se equivocan en nada, y el caso es que he de agradecer a cada persona que se implicó en poder darle el funeral que se merecía a mi padre, un funeral como ultima despedida en público, para que aquello que parecía asimilado por los más cercanos fuera asimilado ahora por todo el mundo.

Miércoles Santo, miércoles 1 de abril; llegó el día, el día de darle su despedida. Seguíamos cansados y sin ganas de tener que ver a nadie, pero en las últimas personas que podíamos pensar era en nosotros, y lo hicimos real, sacamos fuerzas de donde no se podían sacar las fuerzas, comimos algo y cerca de las cinco de la tarde todo el mundo se agolparía en la puerta de la iglesia en la que mi padre creció para darle su último adiós.

Flores, llantos por los cuatro costados, gente y más gente, que nadie se explicaba cómo en plena pandemia esto era así, y el caso es que nadie se quería ir sin despedirse de él, sin darle el último adiós, sin tener su ultimo recuerdo, y desde aquí he de agradecer la despedida que tuvo, aquella que sin cada uno de los que asistieron no habría sido posible. No sirvió de consuelo para nadie, pero sí para él, «ver» que no estás solo, que aquello que has sembrado en tu vida ha dado frutos, que por muchas gilipolleces cometidas has sido capaz de sembrar ese sentimiento en la gente; eso es muy grande, eso es algo que yo me llevaré conmigo para contarte el día que te vuelva a ver.

Entre tanto adorno y tanta gente yo también necesitaba darle la última despedida, decirle todo aquello que en vida no me dio tiempo a contarle, y antes de enterrarlo en lugar que él pidió necesitaba soltárselo, y mi despedida comenzaba algo tal que así…

5. Carta de despedida

Sentía esa sensación como cuando tienes frío a 40 °C y calor a -3 °C, como un dolor permanente en el pecho que sabes que nunca se irá, sin querer asimilarlo, pensando en que todo es un sueño del que vamos a despertar, pero sabiendo que cada minuto que pasa sin escucharte, cada mañana que pasa sin darte los buenos días, o cada momento en el que ya no estamos a tu lado está más lejos de serlo.

Tú no eras simplemente un padre; tú eras mi amigo; mi colega; mi hermano; mi padre; mi madre; tú lo eras todo para mí, hasta que me quedé sin nada, vacío completamente. Un padre que a lo único que odiaba era al mismo odio, un amigo de esos que estaban destrozados, pero aun así estaba para ti, el que te escucha hasta las tantas de la madrugada teniendo que levantarse a las cinco. El que se preocupaba por una cara larga, el de todos, el de verdad.

Y la verdad es que me habría gustado enseñarte tanto, enseñarte que iba a lograr todo aquello lo que me propusiera simplemente por verte orgulloso de mí, por devolver tu confianza depositada en cada maldito segundo hacía a mí.

Porque mis dieciocho, sus diecinueve o sus veinticuatro no tenían que ser los últimos años que tenías que seguir cumpliendo con nosotros, y que aun así estoy seguro que no lo serán, porque sé que nos guiarás desde allí arriba, como lo hacías en la Tierra, como siempre.

Por tu simpatía, tus risas y hasta por tu manera de regañar, allí donde estés, allí donde hayas hecho feliz siquiera a la mitad de gente que has hecho aquí, allí donde nos volvamos a ver, cuídate y sé feliz, Papá.

6. Entre lágrimas

Pues bien, estas fueron las palabras que conseguí reunir, sacando coraje, cabeza y corazón ante una iglesia a rebosar, ante el dolor permanente en mi pecho y en mi rostro; esa fue la carta de vida que más me costó escribir, una carta que olía a despedida y que aún a día de hoy no consigo asimilar. Cada vez que lo pienso no soy consciente aún de qué pasó aquel día, de por qué él y por qué yo; aún me quedan tantas cosas que contarle, tantas cosas que agradecerle que nunca me daré por satisfecho por muchas cartas de despedida que le haga.

Todos nos arrepentimos de algo en la vida y yo me arrepiento de tantas cosas… No sé si por darle alguna explicación o por echarle la culpa a alguien de aquello que me pasó, pero me arrepiento tanto de no haber mirado más por ti, de no haberte cuidado más como debía, o de no haber pasado más tiempo junto a ti, que nunca conseguiré llenar el vacío que un día me dejaste.

Enseñándome demasiados valores que tampoco se pueden escribir, una mezcla de emociones y sentimientos que cualquiera puede interpretar leyendo entre líneas de esta historia mal contada que solo hace crearme angustia y dolor cada vez que vuelvo a leerla.

Un episodio que es una despedida a un hombre grande, bondadoso y querido por todos; a un hombre que aun habiéndose ido sé que sigue entre nosotros; a un hombre al que algún día podré darle todo aquello que sacrificó por mí multiplicado por mil; a mi padre; a aquel que me hizo reír como el que más y confió más en mí que en nadie. A veces lo pienso y si mi vida hubiera estado en riesgo por salvar la tuya la habría dado, habría preferido que te quedaras aquí, cuidando de tus hijas, a haberte visto marchar tan temprano. Te quedaba mucho con lo que disfrutar de nosotros, mucho que llorar y mucho que sufrir, y nunca seré capaz de ver cómo habrías reaccionado tú ante ciertas adversidades de la vida, porque hasta para ver los problemas eras único, y solo tú sabías darle solución a todo. A ti, papá, que algún día sé que encontraré el camino para verte de nuevo, a ti va este libro, esta historia contada en tributo a tu persona, esta mezcla de sentimientos emociones y penurias que solo tú has sido capaz de crear en tantas personas; a ti que por mucho que haga en tu nombre corto se queda.

7. Bloqueo

¿Os ha pasado alguna vez que intentáis entrar en vuestra cabeza con intención de entender algo de lo que pasa por ella? Pues bien, a mí me pasa continuamente, querer tratar de entender por qué pienso esto o por qué pienso lo otro, por qué ciertos recuerdos se me van en un abrir y cerrar de ojos y otros se quedan cuando no quiero que lo hagan. Ojalá poder decidir qué pensar y en qué momento hacerlo, pero parece imposible. Mi cabeza desde aquello es como una ruleta, nunca sabes por dónde te va a salir, es como los sueños al dormir, que nunca sabes qué soñaras esa noche, pues eso es mi cabeza desde aquel 29 de marzo de 2021; a veces recuerdos bonitos, a veces solo recuerdos de aquel día. No soy capaz de ponerlo en su sitio por mucho que me cueste, es un puzle al que necesito encajar sus piezas para que este niño vago pero inteligente vuelva a tener la cabeza estructurada y pensar en cada momento aquello que se debe pensar.

Si me pongo a dar lecciones de lo que realmente trata un bloqueo mental me refiero a que, estadísticamente estudiado, el bloqueo mental habitualmente es el resultado de un trastorno de la ansiedad que consiste en quedarse en blanco, no poder pensar con claridad, no ser capaz de tomar decisiones, sentirse «atascado». Básicamente, el bloqueo mental es una resistencia provocada por la negación de algún pensamiento o emoción. Por tanto, es una especie de mecanismo de defensa que se pone en marcha automáticamente cuando nuestra mente quiere mantener alejadas aquellas ideas o sentimientos que pueden perturbarnos.

El bloqueo mental se puede manifestar de diferentes maneras, pero lo más usual es la sensación de no poder pensar con claridad. Esta sensación puede ser puntual y aparecer en periodos de gran estrés, o cuando estamos muy cansados, pero también puede perdurar a lo largo del tiempo, como cuando hemos sufrido algo difícil de borrar en nuestra memoria. En estos casos, el bloqueo mental suele venir acompañado con un bloqueo emocional, y se convierte en un obstáculo que nos impide avanzar, generando emociones negativas como el miedo, la tristeza, el enfado o incluso la culpa. Es por ello por lo que cada día me costaba más concentrarme en escribir este libro, entonar el *mea culpa* con la tristeza evadiéndose de mí es algo que no puedes tratar de llevar si no te paras a descansar y apartarte de todo tu alrededor.

El problema es que cuanto más bloqueados estamos, menor será nuestra capacidad para sentir y pensar con libertad, por lo que, si no salimos rápido de esta situación, corremos el riesgo de caer en un círculo vicioso muy dañino

A todos nos ha pasado alguna vez estar estudiando o en el trabajo y que pase un mosquito y distraernos con él, mirar al vecino por la ventana, escuchar qué hace nuestra madre de comer en vez de estar concentrados en el libro que tenemos en lo alto de la mesa o simplemente escuchar las teclas del ordenador del despacho de al lado. Yo a todo esto lo llamo «bloqueos mentales», son momentos en que nuestra cabeza hace que nos ceguemos ante lo que estamos haciendo simplemente porque lo que pensamos es mucho más importante para nosotros que realmente lo que estamos haciendo. A mí esto me pasó al escribir este libro, no era capaz de escribir ni una sola palabra porque apareció en mi mente el bloqueo mental, no sé si producto del estrés ocasionado durante todo este año o que mi cabeza no quería volver a recordar todo lo sucedido, el caso es que me costó volver a meterme en el papel de escritor que implicaba contar una historia así.

Solo necesitaba buscar momentos de inspiración, lugares que me hicieran sentir como en casa para poder sacar mis sentimientos y no llenarme de bloqueos mentales que solo me hacían no avanzar; no solo en el libro, sino en mi día a día, algo que después de lo sucedido costaba salir de ahí, pero que no quedaba otra. Todo lo que hablaba anteriormente, ¿de qué servía si yo no avanzaba?

Después de mucho de tiempo me puse a pensar y llegué a la conclusión de no culparme por haberme encerrado en mi mundo y no dar respuesta ni siquiera para abrir el ordenador. Todos necesitamos un tiempo para encontrar cuál es nuestro verdadero lugar y para quedarnos atascados en un mismo sitio y no dar respuesta y acabar perdiendo el tiempo. Recomiendo dejarlo de lado y volver cuando verdaderamente estés preparado para ello, no te culpes si al día siguiente tienes examen y no has estudiado, no te culpes si tienes una reunión importante y no te la has preparado; en la vida, como en la guerra, toca improvisar a veces, y no culparnos de habernos distraído por un momento y no ser capaces de seguir, somos humanos y quien diga que a lo largo de su vida siempre ha tenido la cabeza puesta sobre los dos hombros miente.

Así se podría definir el descanso que me tomé por unos meses al escribir este libro, un descanso que me hizo pensar con claridad y que me hizo darme cuenta de que aquí seguía estando mi «yo», para continuar esta historia.

8. Preguntas

¿No os pasa que a veces os cuestionáis cosas como por qué hemos venido al mundo, qué hacemos aquí, qué hay después de la muerte, porque a mí y no a otro? Son preguntas sin respuesta que ni el mejor filósofo científico graduado en la mejor universidad del mundo es capaz de resolver. Son preguntas que cada uno intenta resolver a su manera, como si de un consuelo a ellas se tratara. A cada persona le viene mejor pensar una cosa diferente, y es por ello por lo que al final no hay una respuesta exacta a diversas preguntas.

La religión puede categorizar la creación del universo a través de una explicación como la de Dios, y la ciencia lo hará a través de la teoría de Edwin Hubble y Albert Einstein sobre la explosión del Big Bang, cada uno en su cabeza se imaginará una cosa diferente, si creer a los poderes que a día de hoy aún nadie ha visto con sus propios ojos, o creer en la unión de dos moléculas, las cuales explotaron y se creó la Tierra; si creer la teoría de Adán y Eva escrita en el Génesis del Antiguo Testamento o creer en la evolución del mono de Darwin.

Pues todo en nuestra existencia es así, intentamos plantear respuestas a preguntas que no la tienen, cada cual, con su guinda al pastel, queriendo poner en orden por qué estamos aquí o queriendo explicar por qué somos quienes somos, o cómo un ser tan completo es capaz de salir del interior de una mujer; ni siquiera para preguntas así tiene respuesta la ciencia.

¿No os habéis preguntado nunca qué es la realidad? Es la pregunta que en los días posteriores al entierro de mi padre a mí más se me pasaba por la cabeza; qué era real y qué no y hasta qué punto me planteaba cuestiones como si alguna vez lo volveré a ver, cuestiones que no sabía si buscar el consuelo en la Biblia o en la ciencia; respuestas que por mucho que buscara y encontrara no iban a doler menos, pero así es el ser humano, un ser incapaz de afrontar el dolor sin echarle la culpa a algo o alguien.

Si hablamos de realidad, según la ciencia podemos decir que es la suma o agregado de todo lo que es real o existente dentro de un sistema, en contraposición a lo que es solo imaginario; es decir, que, según los científicos o filósofos, es real todo aquello que existe. Pero ¿qué es real para la religión? La realidad para la Iglesia es la misma que para la ciencia en una parte, y en otra no, no es igual porque para la Iglesia es real todo aquello que es espiritual; pero después, por otro lado, van a coincidir en que es real todo aquello que existe; contradictorio, ¿no? Decir que es real tanto lo que ves y existe como lo que no.

Dándole vueltas a todo esto de lo que es real o no y habiendo encontrado la primera coincidencia entre la ciencia y la religión, todavía sin haber descanso mucho y con la mente más en otro lado que cualquier cosa, llegué a la conclusión de que para mí la realidad es aquello que ves con tus propios ojos, y yo había dejado de verlo; era real que mi padre se había ido porque ya no era una realidad el verlo todos los días.

Los días de después no dejaron de ser duros, una nueva vida empezaba tanto dentro de mí como fuera, una mudanza que había que llevar a cabo cuanto antes y un recuerdo imposible de olvidar. ¿Cómo afrontar el resto de tu vida con semejantes imágenes en tu cabeza? Dicen que hay varios tipos de memoria, y el caso es que a mí esa semana solo me funcionaba la fotogénica, una imagen, un recuerdo, un sentimiento grabado como un tatuaje en el corazón; así me sentía yo cada maldito segundo que pasaba del día y así me iba a sentir cada día que pasara del resto de mi vida.

Intentando descansar un poco y saliendo lo menos posible de mi habitación aún quedaba un largo camino que recorrer.

Llegó el Viernes Santo, cinco días después de aquello. Los míos seguían preguntándome en cada momento cómo estaba, y dejarme ver por la calle era como si de una estrella famosa se tratara. Cada pésame y cada muestra de cariño en cada paso que daba solo hacían que recordarme cada vez más a él, y lo que en principio debía ser una escapada de desconexión, los días posteriores solo fueron un conjunto de agobio, y no sé si precisamente de cotillas o de sentimientos reales ante un niño que lo había perdido todo en su vida, o al menos eso creía.

Decidí continuar con mi futuro, seguir adelante, pensar que tenía un motivo para hacerlo y que era que él me viera orgulloso. Yo estaba cursando 2.º de Bachillerato, y la verdad que he de agradecer el apoyo que recibí en el instituto; ni un solo profesor dejó que me cayera, ni uno tiró la toalla por mí, ni siquiera dejaron que yo lo hiciera, y mi objetivo se iba a quedar aún más cerca; hacer la selectividad y ya decidir qué hacer con mi vida era la prioridad y lo acabé consiguiendo.

Mi cabeza esperaba con un mal augurio lo que parecía que realmente iba a ser el peor verano de mi vida, sintiéndolo mucho por el que tenía a mi lado, por no querer darle pena porque siempre andaba recordando a mi padre; que si mi primer verano sin él, que si la primera vez de esto o de lo otro sin él... era hora de seguir adelante, de disfrutar todo lo sufrido, aunque sea un poco, pero eso sí, sin olvidarlo y sin dejar de tenerlo presente siempre.

El verano iba a ser una oportunidad para darme a mí, una oportunidad para quererme más y para descubrir mi «yo» interior de una manera u otra. Andaba siempre ocupado para poder salir de algo que no se me borraba de la cabeza, y al final la conclusión fue llegar al amor, un amor propio que era como una deuda que tenía hacia mi «yo» del interior, un amor del que disfrutar y el que conocer a fondo.

El irme de la ciudad también iba a ser indicio de que mi «yo» más profundo necesitaba respirar nuevos aires, nuevos ambientes que me hicieran evadirme de todo y empezar una vida nueva alejado de aquella realidad de la que empecé hablando al principio. Iba a ser duro y nunca nadie dijo que me regalarían nada, tuve que empezar a cursar una oposición mientras trabaja en uno de los centros comerciales más grandes de mi país; quién lo diría, un niño de dieciocho años que se va a vivir fuera para disfrutar de la vida universitaria, y acaba trabajando día y noche para poder mantenerse fuera. Quizás esa fue mi virtud siempre, no querer depender de nadie y conseguir mis objetivos por mí mismo, nadie me dijo que fuera fácil, pero sí que lo intentaría hasta el último momento.

El irme a vivir fuera fue una mezcla de emociones vividas increíbles. Por una parte, era el ciclo de la misma vida; por otra parte, después de todo lo que habíamos pasado en mi familia me sentía como que los dejaba tirados, como que el apoyo que tenían se distanciaría simplemente por cuestión de salud mental. Básicamente, por otro lado, era orgullo de querer salir del agujero negro para poder vivir mi vida yo solo.

La vuelta a la realidad desde aquel entonces había sido un ciclo de emociones que no dejaron de sorprenderme, acontecimientos que volvieron a sacudir mi existencia, volvieron a agitar mi cabeza día tras día para volver a hacerme todas las preguntas que aparecieron después de lo de mi padre. Yo siempre digo que cada uno necesita su tiempo para reponerse de los fuertes ataques, la vuelta a la realidad no fue más que un plus de energía que sacó la reserva que todos llevamos dentro para querer sonreírle un poco a la vida, que no me lo puso fácil, ya lo sabemos todos, pero que yo tampoco lo pondría fácil también lo saben algunos. Por eso en ningún momento me agobié, mi momento llegará, la vida me lo devolverá, y mi sacrificio se verá recompensado; eso fue lo que me dio tiempo a pensar en la cama días después de aquel acontecimiento.

La vuelta a la realidad no fue más que un paso para asimilar aquello que debía superar, pero sin ser olvidado. Responderme a mis propias preguntas sobre la existencia, la realidad o la muerte fue algo que me ayudó a salir de mi interior, y que por muchas respuestas que tenga el Genesis, Darwin o Einstein nunca nadie va a saber responder aquello que a uno mismo le consuela por dentro.

9. *Déjà vu*

El año estaba siendo un tanto complicado, preguntas que solo se me pasaban a mí por la cabeza, cuestiones que no tendrían respuesta, y el caso es que, cuando te esperas que el año ya ha dado todo de sí, cuando crees que en los poquitos meses que quedan después de verano ya no cabe nada más, el 2021 me seguía teniendo preparado muchísimas sorpresas; viviendo lejos de casa a unos cien kilómetros de distancia aún quedaban cosas de las que sorprenderme en mi ciudad. El caso es que las afrontaría como nuevos retos pensando en que lo peor de todo ya había pasado, y que si habíamos salido de una adelante todos juntos lo volveríamos hacer una y otra vez.

Lunes, 29 de noviembre de 2021. Llegó la hora de tomar una de las decisiones más difíciles para mí y para la familia. Muchas veces habréis oído y sentido que una mascota, el perro o el gato o cualquier animal de compañía, hace casi más que algunas personas, suelen ser nuestros compañeros de viaje, suelen ser los que juegan con nosotros en la infancia, los que nos hacen tener obligaciones como cuidarlos, como si de un miembro más de la familia se tratase; el caso es que sí, Hana lo era.

Hana era la perra familiar, pero para nosotros no era una perra cualquiera, para nosotros era el perro que había pasado tantas tempestades como nosotros mismos, pasó de ser un regalo de la comunión de mi hermana por el 2011 a ser una pieza clave más en la familia. Era una perra que te escuchaba en tus días malos, que te sostenía sentimentalmente cuando la mirabas a la cara, que tenía sus travesuras como un perro cualquiera, pero que después era un encanto de perra.

Diez años con nosotros se dice pronto, el cariño incondicional que eres capaz de cogerle a un animal de compañía a veces es indescriptible. Hana era nuestra compañera de viajes, aquella que corría por el campo, Hana era amiga de todos, se hartaba de comer los domingos en aquellas barbacoas que le hacían en el campo, se sentaba al lado en una conversación de amigos como queriendo participar… incluso se pegaba los botellones en casa con todos. Porque Hana era una más, nunca se le podía considerar un animal porque para nosotros era mucho más que eso; ella era leal, era fiel, comprensiva y adivina de todos nuestros pensamientos, era luchadora y el animal más fuerte hasta el momento visto. Pasó en su corta vida por más de una infección de oído, once tumores, se quedó ciega a temprana edad, tubo anemia… y podría seguir contando enfermedades; aun así ella conseguía salir adelante.

Pero todo llega a su fin, dicen que el mayor acto de amor hacia alguien es hacer lo que mejor le siente a ese alguien, que el mayor acto de amor no es pensar en uno mismo, sino en el prójimo; sacar fuerzas y energías para la mayor decisión que hay que tomar en esta vida no es fácil, nos tocó pensar en que su sufrimiento estaba pasando unos límites y que había que hacer algo de urgencia.

Era un lunes, y no un lunes cualquiera, era otro maldito lunes 29 de aquellos de los que hablaba al principio; era un lunes negro, cargado de malas energías, pero es que quizás el destino esté escrito y esa sea la fecha negativa que nos quede por recordar el resto de nuestras vidas. Habían pasado apenas siete meses desde el fallecimiento de mi padre y ya empezaban a faltar más miembros, ese lunes 29 de noviembre de 2021 tuvimos que tomar la decisión de dormir a Hana, a nuestra compañera; no sería fácil, pero era el momento. Verla con ese sufrimiento que le estaba comiendo poco a poco con la edad que tenía no era sano para nadie, y quizás todo esto se complemente con el consuelo de que el último acto de amor que haríamos por ella sería no querer que siguiera sufriendo.

Aún recuerdo el valle de lágrimas en la consulta del veterinario aquel lunes negro con el cielo cubierto de nubes y donde nuestras fuerzas empezaban a flaquear como hacía siete meses. Aquello fue como el recordatorio del día que tuvimos que vivir no hacía tanto; parecía que nuestras vidas estaban escritas con un cuento hecho a mala leche.

Dicen que para que algo se haga rutina en tu vida tienen que pasar veintiún días, y con Hana pasé diez años. Nunca pensé que despedirse de un perro pudiera acarrear tantas emociones, y es que no es quien sea o lo que sea, sino lo que ha vivido a tu lado, a veces demuestra más que cualquier otra persona en el mundo. No era una despedida a un simple animal de compañía; era una despedida al desahogo de tus días malos cuando nadie te escuchaba; una despedida al calor que te daba en las noches de frío; una despedida a la costumbre de llegar a casa y saludar como si pudiera responder; una despedida a abrir la puerta y tener esas cuatro patitas subidas encima de ti; era una despedida a la mayor rutina a la que un ser humano podía acostumbrarse; una despedida entre lágrimas que se dejaban caer sin consuelo alguno.

Así acabo otro de los días más negros del año para mí, montado en el tren y volviendo a casa para continuar con mi vida, solo, hacia recordar viejos tiempos con la que había sido mi compañera de vida, con retraso y escuchando cómo la lluvia golpeaba en el vagón del tren. Como si de una película melancólica se tratara, pensaba qué había que hacer para volver a salir de una y otra y otra como lo había hecho, aún quedaba por hacer más de una vez.

10. Adiós, 2021

Y es que si tuviera que definir de alguna manera toda esta historia la definiría como un aprendizaje de 365 días. El caso es que dicen que el 73 % del cuerpo humano proviene de la explosión de estrellas masivas, y que cuando morimos la mezcla de elementos químicos de los cuales estamos hechos se convierten en aquellas estrellas de las que está hecho el mayor porcentaje de nuestro cuerpo. También que cerca del 99 % de nuestro cuerpo está hecho de cuatro elementos químicos: carbono, hidrógeno, oxígeno y nitrógeno. Y que casi el 80 % de nuestro cuerpo contiene agua. De todo esto se alimentó el 2021 de mí, dejándome seco por dentro después de tanto llanto y débil por fuera. Me dirijo a la despedida del año más duro de mi vida, diciéndole que maldito año, maldito año que me hizo sentir insuficiente y casi me convierte en el polvo de estrellas del cual estamos hechos.

Esto puede ser una despedida a uno de los años más difíciles de mi vida, a un año de esos que desde que están empezando deseas que se vayan acabando, un año de los que se te pasan lento, de los que no sabes cómo salir de una y otra piedra en las que no paras de tropezar, pero no por ser torpe, no, sino que cuando te ponen un cañón todo el rato lanzándote piedras, alguna te acaba dando. Y así defino mi 2021, nueve meses que para mí fueron este año, y que vinieron con un cañón cargado de piedras, el cual no paró hasta verme destrozado a ras de suelo sin saber si tenía sentido seguir hacia delante, sin saber si algo por lo que llevas luchando esos dieciocho años de tu corta existencia tenía sentido.

¿Sabéis? A veces pensar de más no está mal, pararte y mirar qué camino escoger, pararte y tomar tu propia decisión sobre si quieres darte un tiempo, parar aquí para siempre, o coger otro camino, no es malo; yo lo hice, no me detuve, me levanté una y otra vez para seguir batallándole a la vida, para seguir afrontando las dificultades que ponía.

Todos nos levantamos alguna mañana necesitando pensar en por quién hacemos las cosas, si por nosotros o por nuestros padres, por ver a nuestros abuelos orgullosos, o directamente por darle que enseñar a nuestros hermanos pequeños. A mí después de aquello la única inspiración que me quedó fue saber que desde arriba él me vería orgulloso, queriendo que siguiera adelante, y esa fue la única razón por la que, después de parar a pensarme las cosas, decidí seguir hacia delante, decidí hacerme fuerte, y mostrarle a él que el hijo que se quedaba aquí abajo iba a seguir siendo el mismo que él enseñó con cada ejemplo, cada decisión, con cada sacrificio que hizo en su vida. Se lo debía y se lo debo, no podía quedarme quieto, tenía que seguir, y el 2021 no iba a poder conmigo.

Yo, personalmente, soy de los que creen en el karma y esas cosas, en que si eres bueno la vida te tiene que dar hasta la última gota de aquello que algún día te quitó, y espero recibir todo aquello que sufrí este año, pero multiplicado por cien. No le deseo a nadie ese dolor interno que recibí yo este año, un dolor que por más que quisiera esquivar aparecía cada mañana pelotazo tras pelotazo; ¡PUM!, y miraba hacia el otro lado y ¡PUM¡; no sabría explicar todo aquello que sufrí.

Viendo la lluvia desde la ventanilla del tren, con lágrimas en los ojos, casi solo, gafas empañadas y dándole por saco a los de al lado con el sonido de las teclas del ordenador, vuelvo a casa para despedirme de este año de la única manera que se puede, rodeado de los míos; de los que cayeron y se levantaron conmigo; de los que sufrieron cada cosa que me pasaba al igual de los que disfrutaron conmigo cada gloria; de los que me hicieron darme cuenta de la realidad y los que algún día me dijeron: «Orgulloso de ti»; de los que cada día preguntaban si había salido ya de aquel pozo sin fondo, porque sin querer arrastrar a nadie conmigo los tenía allí cuando miraba hacia arriba para ver la luz. Allí asomaban todas las cabezas que me querían ver bien, con la mano extendida, ofreciéndome salir del agujero negro en el que desde el lunes 29 de marzo de ese año había entrado y que a finales de año aún no había salido, refugiándome entre las líneas de un programa de ordenador y sin saber a qué puerto llegarán todas las palabras que escribo para evadirme del peor año de todos.

BENDITO AÑO que no me trajo nada más que desgracias, que me hizo sentir débil, que me arrastró de los pelos por el suelo, y que me pisoteó una y otra vez, bendito año que no quiso verme reír y que me arrebató media vida. Solo me queda dejarte atrás y darte las gracias; las gracias porque me hiciste ver lo que es levantarse después de un duro golpe; las gracias por hacerme más fuerte que nunca y querer luchar por comerme cada maldito segundo de mi vida. No podría sacar nada bueno de ti excepto el aprendizaje de las mayores batallas de mi vida.

A los que estuvieron y a los que estarán, a los que se fueron y a los que se quedan, todo eso te agradezco. Porque de alguna manera es un simple trámite para algún día acordarme entre sonrisas de los que se quedaron por el camino cuando llegue al objetivo; porque en el fondo soy un chico que lo voy a lograr, con su destino escrito ya y que solo busca comenzar otros años mejores.

Así sonaba este capítulo como si una despedida a la obra se tratase, y el caso es que no, que todo debe continuar su cauce, aún queda mucho por aprender entre estas líneas de palabras mal puestas que seguro que no solo a mí me servirán de refugio.

11. Nueva oportunidad

31 de diciembre de 2021. Último día del año, todo parece llegar a su fin, parece que todo lo negro va a quedar atrás de una vez por todas. Me empiezo a preparar como cada Nochevieja para la última cena del año, para empezar a estar rodeado de los míos, para dejar atrás todo lo malo, aquel mal de ojo que me habían echado estaba a punto de esfumarse con el paso de las horas. A veces depende de uno mismo que esto sea así, depende de qué forma le des la espalda al pasado para poder cerrarlo y comenzar el futuro de la mejor manera.

Son cerca de las doce de la noche, las uvas se preparan en lo alto de la mesa, la televisión se enciende, los nervios empiezan a salir, y mi cabeza comenzaba a funcionar como si de las manecillas de un reloj se tratasen.

He de decir que fueron las doce uvas más eternas de mi vida, en cada una que conseguía tragarme, un recuerdo se pasaba por la cabeza como si de cerrar esos malos recuerdos se tratara cada vez que conseguía masticar una. Con la primera dejé atrás todo el sufrimiento que tuve ese año, con la segunda decidí dejar atrás todos los malos rollos con la gente a la que quiero, con la tercera se me pasó por la cabeza todo aquel que no estuvo cuando lo necesité, con la cuarta conseguí dejarlos atrás, con la quinta recordé el verano y los buenos momentos que consiguieron evadirme de todo, me tragué la sexta, la séptima, la octava… Habían pasado más de doce segundos en mi cabeza y todavía iba por la décima, en la décima me vino el recuerdo de mi padre, no era para dejarlo atrás, sino para recordarme que seguía conmigo y que ese año también había formado parte de mi vida, y siempre lo hará. En la undécima se me apareció Hana, dándome la enhorabuena por haber salido de una y otra y otra, y esta vez sin ella de apoyo, y en la última de todas mi corazón se envolvió como si de una coraza se tratase para empezar el nuevo año, un refugio de mi «yo» interior.

Un refugio que comenzaba en el 2022, donde las malas noticias no dejarían de sucederse, pero quizás el estar tan quemado por dentro después de todo lo pasado solo hacía que me encerrara en ese «yo» interior, que no quisiera saber nada de nadie, como un berrinche de un niño chico al cual le importaba todo entre cero y nada; así reaccioné yo al inicio de año, como cansado de la vida, sin ilusión por nada, como sin ganas de seguir viendo cómo me había comido las uvas entre un valle de lágrimas y recuerdos.

Era 1 de enero y salí a la terraza de la casa de mi abuela, donde estaba pasando el final de año, a despedirme de él en solitario, a llorar un poco el desahogo de haber cambiado de tiempo, querer dejarlo todo atrás, no recordar nada de todo lo que había pasado, mirar para arriba y reírme, suspirar de alivio porque aquello que creía que nunca acabaría acabó; y es que, como dice la frase grabada a tinta en mi brazo derecho: «Todo principio tenía su final».

Entre confusión no sabía si afrontar el 2022 relajado, con respiro de dejar todo lo negro atrás, o en tensión, para ver qué malas noticias me tenía preparadas este año. A un niño que perdió la ilusión por todo solo le quedaba emborracharse para no tener que pensar en eso, rehacerme y disfrutar. Que todo estaría por llegar fue lo que más me repetí a lo largo de la noche, no estaba solo y nunca lo estuve, pero, como ya he dicho, mi único desahogo ha sido siempre escribir en este libro, que de cabo a rabo trata de mí.

A la mañana siguiente me puse a pensar que tenía que volver a darle una oportunidad a la vida, darme una oportunidad a mí; y es que, si miro todo mi alrededor con la cabeza agachada, nunca me pasarán cosas buenas. Me prometí volver a ser el niño optimista que fui siempre, me prometí engancharme del brazo de los míos y buscar consuelo en ellos, me prometí darle una oportunidad al 2022, como si fuera lo único que necesitara, y es que lo único que necesitaba era una voz que me susurrara al oído que todo lo malo había pasado y que este año todo iba a estar bien.

Normal que a lo largo de la vida sucedan episodios así, normal que nada sea de color de rosa y que siempre queramos que todo salga bien, pero qué aburrido seria todo si fuera perfecto, ¿verdad?, tan aburrido que a mí no me habría dado para escribir 365 días al completo, tan aburrido que hace rato que me habría quedado sin cosas para contar. En la vida tiene que haber de todo, y la diferencia está en cómo acojas todo aquello que te viene.

Así empezaría mi 2022, cargado de energías para batear una y otra vez todas las dificultades que me salieran por el camino, pero también para darle cobijo a las cosas buenas que me pasaran a mí y a los míos; porque, al final, si solo espero las cosas malas del día de mañana, se me iba acabar olvidando lo que era disfrutar del presente, y al final se me pasaría la vida igual. Si algo aprendí fue a no esperar nada ni a nadie; porque no sabré qué es lo que pasara, pero sí lo que está pasando y eso es lo que cuenta.

Así que si el anterior capitulo trataba de las despedidas más difíciles de mi vida, este simplemente tratará de darle la bienvenida al año de transición, en el que prometí reconstruirme y esperar a las cosas buenas para disfrutarlas, en el que espero tomar buenas y malas decisiones de las cuales quiero aprender, y el año en el que espero sanar todo de alguna manera.

Enero empezó así, planteándome todo esto, febrero prosiguió de la mejor manera: un viaje que me unió más a mis hermanas. Tenerife nos dio una oportunidad de acordarnos de que no podemos olvidarnos de los que están a nuestro alrededor, y marzo me haría darme cuenta de muchas cosas que al final llegarían a su fin de una manera u otra.

2022, el año en que decidí darme una oportunidad de nuevo.

12. Día 16 de marzo

Todo esto va llegando a su fin; los lamentos, las lágrimas, las imágenes desalentadoras. Porque uno va creciendo, la vida va continuando y tú enseñaste a todo el mundo a salir adelante cuando peor se ponían las cosas. Hoy, un poco desganado y entre lágrimas, me da recuerdo el indicio de pasar el primer cumpleaños sin ti, de levantarme y ver el desayuno preparado, el regalo a los pies de la puerta de mi cuarto, tus mensajes de «buenos días, campeón». Hoy es mi día, sigo cumpliendo años como un humano más, un humano que lo único que busca es volver al pasado a llenarse de nuevo de todo el amor que le diste, una persona que el único regalo que desea es que la estrella que según él más brilla se tropiece en el cielo y baje para pasar, aunque sea unas poquitas horas con él.

Perdí la ilusión de aquel niño que dejaba de dormir el día previo de su cumpleaños por la infinita ilusión que le hacía simplemente el hecho de crecer. Hoy me siento más mayor de lo que debería, con unas cuantas experiencias de más vividas y con unos cuantos problemas de más para la edad que tengo. Pero no todo en el libro podía ser pena y aprendizaje; hoy, poco a poco, voy recuperando esa ilusión que se me fue hace cerca de un año; hoy me refuerzo en salud, en amor, en recuerdos; hoy levanto cabeza queriendo superar un pasado oscuro, pero sin dejarlo apartado, queriendo volver a brillar, volver a ser yo, volver a recuperar la ilusión por las cosas que hago; hoy me levanto queriendo madrugar cada día por lograr mis objetivos; hoy puedo decir que he vuelto a nacer por enésima vez en un año, que las heridas han cicatrizado y que solo con unas cuantas copas de más se van a volver a dejar ver. Que hoy miro al cielo infinitamente orgulloso de quién fuiste y de en quién me has convertido, que las lágrimas dejen de ser lamentos para empezar a convertirse en recuerdos de una persona rejuvenecida.

Hoy, 16 de marzo de 2022, podría decir que casi cierro un ciclo de dos años de penurias, donde todo comenzaría en aquel 16 de marzo de 2020. Dos años en los que crecí físicamente y mentalmente; dos años en los que pasé psicológicamente por una pandemia mundial, una guerra mundial, el fallecimiento de la persona más importante en mi vida, dos accidentes, el fallecimiento del mejor amigo del hombre; dos años en los que añoré mi infancia, aquella en la que no había preocupaciones; dos años que se llenan de energía para decirle al karma que algo me debe, para pedirle al Señor seguir creciendo y que me siga llenando de vida.

Un ciclo que, quién lo diría, atacó y atacó, pero nunca me vio estar arrastrado por el suelo; yo diría que más bien todo lo contrario, me vio vivito y coleando; coleando todo aquello que creía que nunca sacaría fuerzas para hacerlo; coleando lo fuerte que soy y la persona en que me he convertido. Diecinueve años de puro amor, de pura pasión, de pura energía, y espero que de puro ser humano, porque al final todos somos eso, seres humanos que, con nuestros más y con nuestros menos, conseguimos salir adelante a pesar del mundo en el que vivimos.

Dicen que quien no conoce la historia está condenado a repetirla, hablo personalmente cuando nombro este dicho, porque aprendí; aprendí de la historia y de los seres humanos;

aprendí en este ciclo lo importante que es decir «te quiero» o un simple abrazo; aprendí que sacar fuerzas a veces es la única opción que nos queda por muy aislados que estemos; aprendí lo que es el dolor; aprendí a desahogarme y a ayudar a gente que estaba peor que yo aun sin tener fuerzas; aprendí que ni siquiera las matemáticas llegan a ser exactas; aprendí lo que es tirar el tiempo a la basura y lo que es pasárselo, que a veces ni con la escalera más alta llegarás donde quieres; aprendí que aún no he vivido ni un cuarto de la mitad de lo que me gustaría; aprendí que me quedan muchas cosas por aprender, que hay gente que lo pasa peor que uno mismo y que por muy insignificantes que seamos para alguien siempre aportamos más de lo que creeremos alguna vez.

Prometí que este libro sería inspiración para aquel que me esté leyendo; prometí que algún día lo sacaría, que llegaría a mi sueño de publicar algo; prometí que alguien me leería y se sentiría identificado y ese es mi plan, cumplir mis promesas. Sé que simplemente soy un niño joven y que no siempre es fácil escuchar a alguien más joven que tú, pero de todos tenemos que aprender.

Tú, que si estas leyendo este libro quizás es por desesperación de no saber dónde meterte, te digo que te des una oportunidad a ti mismo como yo me la di, una oportunidad para salir de aquello en lo que entraste; que en la vida todo son etapas; que en esas etapas todo son buenas y malas rachas; que no te guardes nada dentro, que eso es solo veneno que nos consume a nosotros mismos; que hasta de lo malo puede sacarse algo bueno; que hacerse fuerte solo depende de las veces que te levantes después de una dura caída; que hay que mirar hacia delante aunque siga doliendo.

Créanme cuando les digo que me ha costado levantarme del mayor palo que me dio la vida nada más y nada menos que once meses, o lo que es lo mismo, cincuenta semanas, que se traducen en 352 días. Y quizás sea demasiado para todo lo que aún me quede por vivir, pero ¿y qué?, ¿quién cuestiona el tiempo que uno necesita para salir adelante?, ¿quién es el que cuestiona qué duele más que algo?, solamente uno mismo puede cuestionarse todo eso cuando le pasa. Pero lo importante es no sentirse culpable del tiempo que te lleve volver a decir «aquí estoy», no sentirse culpable de haber caído por una tontería porque nada es tontería si nos hace caer; siéntete culpable de no levantarte nunca más, de ver al que te ayudó decepcionado porque toda su ayuda ha sido en balde, siéntete mal cuando no hayas hecho todo lo posible por salir, pero no te sientas débil por llorar, por pedir ayuda o por darte tiempo, ¿quién determina lo que es el tiempo? Para mí nadie, lo dije al principio de toda esta historia y lo sigo diciendo casi al final.

Coge al toro por los cuernos y demuestra que, a pesar de la edad que tengas, todavía tienes mucho que aprender y mucho que enseñarle a la vida y a los tuyos, que te van a ver orgullosos de querer aprender a levantarte y que ojalá sea así y seas tú el que pueda decir la última palabra de lo que quieras para tu vida, antes de que sea tu vida quien tenga la última palabra para ti.

Así pasé este 16 marzo, este día de cumpleaños atípico que normalmente celebraba con los míos, lleno de regalos y lleno de sonrisas y felicidad, y por primera vez lo pasé encerrado en mi habitación, rodeado de libros, sin nadie a mi alrededor y con la cabeza llena de recuerdos y momentos felices. Quizás esto es lo que tenga crecer, que todo va cambiando como si del caudal de un río estuviésemos hablando, como si del mismo transcurso de la vida llegue una época en la que te toque vivir momentos especiales y días especiales solo. La cosa está en cómo se afronten, y después de haber afrontado todo lo anterior esto no era más que un puro trámite en el día a día.

13. Salida

Una vez que empiezas a coger el vuelo, una vez que piensas que estás saliendo de esa o que al menos no te queda mucho por acabar de salir, todo te entra con mucha más claridad en la cabeza, toda tu persona vuelve a ser diferente; es como si volvieras a ser tú, pero habiendo aprendido, con más experiencia y con más edad.

Cuando las lágrimas volvían a su sitio; cuando hablar de todo lo pasado no era más que una excusa para cicatrizar las heridas abiertas de un pasado; cuando al hablar de todo eso consigues que no se te encoja el corazón como si volvieras a repetir todos los sucesos; cuando todo eso que un día dolió deja de hacerlo entonces es que has conseguido salir de todo una vez más.

Pero, normalmente, cuando crees que sales de una, la vida te estará esperando para ponerte la zancadilla y meterte en otra, eso suele pasar siempre. Esta vez iba a ser diferente, esta vez la vida me tendría preparada otra cosa que quizás no sea tan mala, ese clarillo que al salir de aquella me había entrado con certeza en la cabeza eran las ideas, realmente ideas muy desconcertantes para mí.

En un clima de confusión y de agobio me empecé a plantear si realmente estaba saliendo de aquella y si realmente estaba feliz con lo que estaba haciendo con mi vida, si todo lo que estaba llevando a cabo no eran más que decisiones tomadas para no defraudar a nadie o si realmente era por no fallarme a mí, y el caso es que por una vez en cuestión de horas encontré la respuesta a las dos únicas preguntas que en último año no me había sabido responder; la primera es que sí, que salir de aquella había salido; y la segunda la respuesta era un monosílabo que parece inofensivo, pero que si lo asimilas a la pregunta formulada no era tan inofensivo: no, no estaba siendo feliz, no estaba haciendo realmente lo que me apetecía, lo que más me gustaba, me sentía solo, sin ganas de seguir hacia adelante con todo, la oposición, mi vida lejos de los míos… Y es que quizás llevaban razón en aquello que me decían de que era muy duro irme con toda la mochila cargada de piedras.

Me equivoqué. Me equivoqué tomando la decisión más precipitada de todas; emprender un nuevo camino, el de meterme ahí al principio de curso. Y es que no siempre salen bien las cosas, no me equivoqué porque aquello fuera duro, ni mucho menos, después de todo lo pasado no me quedaba ninguna duda de que soy capaz de sacarme eso y más si me lo propongo, simplemente me equivoqué porque llegué a la conclusión de que estaba viviendo algo que no iba conmigo, y quizás con diecinueve años y una vida por delante lo último que podía hacer era seguir con algo que en el futuro no me iba a llenar.

Una decisión que costó tomar quizás por ser tan exigente conmigo mismo. En la cabeza reconcomida de inseguridades por dentro me iba a crear una muchedumbre de dudas a la hora de tomar la decisión, si estaría fallando al resto, si quizás me fallaba a mí y muchas preguntas más que hacían replanteármelo todo.

Finalmente llegué a la conclusión de que fallarme a mí sería no tomar la decisión correcta para encontrar la felicidad, y que fallar al resto solo dependía de no llegar al objetivo que tenía que llegar.

Pasadas unas horas llegué a la conclusión de que equivocarse no es malo, que cuando una puerta se cierra otras tres se abren, que rectificar es de sabios y que saber darse cuenta de las cosas a tiempo supondría salir del hoyo en el que te metes; pues bien, otra piedrecita más por saltar que la vida pondría en el camino, otro obstáculo más del que aprender y otra enseñanza más que la vida le da a este joven de ya diecinueve años. Por más errores que cometa y más veces que se equivoque siempre tendrá un as bajo la manga para rectificar a tiempo y encarrilar el resto de su vida como realmente le gustaría. En la vida no todo es fácil, y al final las decisiones que se toman son como algo que va allanando y enseñándote el camino para al final conseguir la meta, así que me tomé el siguiente reto: abandonar el lugar de residencia habitual y volver a casa, volver donde siempre había sido feliz, a emprender nuevos proyectos que, si Dios quiere, algún día quedarán por escrito entre las líneas de un programa de ordenador.

Un capítulo más de mi enorme año en el que hasta esto pasó. Las personas nos equivocamos y crecemos a raíz de las rectificaciones que tomamos a lo largo de nuestra vida, un futuro que vamos forjando con cada decisión; que por más que cueste las tomamos en busca siempre de algo mejor, algo que espero que la vida me tenga preparado como mejor. No pasa nada si me equivoqué, no funcionaron mis planes y ahora me toca reestructurarlos para seguir forjando la persona que siempre he querido ser.

Y esto sería lo que cerraría el año en el que más cosas y más decisiones he tenido que tomar de mi vida. Siempre quise crecer, y cuando crezco me doy cuenta de que no quiero, de que hacerte mayor significa tomar tus propias decisiones, caerte por tu cuenta y levantarte tú solito. Es así como cierro un último capítulo del que dejo como final abierto para poder vernos más adelante.

14. 365

Dicen que el mayor consuelo a veces es un buen desahogo, y lo cierto es que a día de hoy aún no he conseguido averiguar a esa persona con la que desahogarme para consolarme. Hace un año que mi vida cambiaría, en la que empezaría a valorar más un llanto que una risa, hace un año que tendría que empezar a asimilar cómo explicar que la vida cambia en cuestión de segundos.

Cómo explicar sentirse culpable de todo sin ni siquiera tener culpa de nada

Cómo explicar que una imagen se te puede quedar grabada en la retina durante el resto de tu vida.

Lo que duele un último «te quiero», sabiendo que es el último.

Cómo explicar lo que es el tiempo si en aquel maldito instante dejó de correr.

Cómo explicar que el motivo por el cual siempre salía adelante se desvanecía junto a ti.

Cómo explicar cómo me siento si ni siquiera yo lo sé.

Cómo explicar todo esto sin ni siquiera saber hacerlo.

Cómo explicar que una mañana me levantaría y ya no estarías, que todo por lo que tenía que luchar a partir de ahora sería para no verlo con esa sonrisa orgullosa. Que cada copa en una fiesta se convertiría en las lágrimas frías de una cabeza desestructurada, que miraría al cielo y que explicaría que todas las estrellas llevarían su nombre.

Cómo explicar que después de un año creo que sigue en uno de sus viajes y que todo este tiempo sin verlo es simplemente producto de que aún no ha vuelto del trabajo.

Cómo explicar lo que es una cuesta arriba a alguien que no le faltan las dos piernas para poder subirla.

Cómo explicar que un año no es nada comparado al resto de la vida que me queda sin él.

Hace un año que mi vida cambiaría por completo, hace un año que volvería a nacer con un corazón roto en pedazos, como asimilando que la vida no es vida si no hay muerte de por medio, hace un año que mi corazón se pararía junto al suyo, sin dejar ver entre lágrimas que todo yo iba a ser diferente a partir de ese momento.

Tirado junto a él en aquel maldito kilómetro 113 me di cuenta de que no era un simple padre; me di cuenta de lo que era el dolor; de que las cosas hay que decirlas cuando las sientes; me di cuenta de que ya era demasiado tarde para lo que a día de hoy aún le tengo que agradecer.

Hace un año no pensaría que volver a casa iba a ser volver a revivir momentos que nunca más pasarían, como cuando eres chico y disfrutas tanto que cuando creces solo quieres volver a aquellos momentos en los que la máxima preocupación era disfrutar como aquel niño para el que simplemente un caramelo era indicio de felicidad. Todo esto es lo que recuerdo cuando me dicen que hace un año que te fuiste, cuando vuelve a ser 29 de marzo, y mi cabeza está llena de *flashbacks* de cada minuto del día que pasé en aquella fecha. Un año en el que literalmente crecí tanto que hasta él se sorprendería, una fuerza mental de todas las caídas que me puso la vida, empezando por aquel mediodía hasta acabar un año que vino cargado de trampas en el que me uní más con algunas personas y con otras me separé; en el que aprendí lo que era utilizar un nombre en vano, un año en el que aprendí a ganarme las cosas con el sudor de mi frente y el dolor de mis piernas tras un día cansado y de mucho agobio; un año en el que dejaría de ver estrellas en el cielo para ver dibujada su cara cada vez que miraba hacia arriba.

A día de hoy me sigo replanteando muchas cosas, quizás la peor de todas es si merece la pena seguir hacia adelante sin su apoyo, pero quizás la más buena sea pensar que eso no tiene sentido porque sería no serle fiel a mis principios, a sus principios, aquellos que él me enseñó. Se dice pronto que tanta historia quepa en simplemente 365 días, pero tengo tanto que querer explicar, tanto por dentro que seguir queriendo contar para desahogarme que ni en todo este tiempo ni en mucho más seré capaz de hacerlo.

A día de hoy sigo buscando una mirada que se identifique con la suya, una mirada llena de amor que nunca volveré a ver; todo esto es producto del sufrimiento que corre por mis venas cada vez que me acuerdo de ti, un sufrimiento como de querer parar el tiempo el día anterior a tu acontecimiento, y es que se dice pronto lo que es saber tenerlo todo y no tener nada. A lo largo de un año me replanteé eso muchas veces, tantas y tantas veces que supe que tenerte a ti era tenerlo todo, y la vida me lo quitó como si de un capricho se tratara tenerte, como si el Señor te quisiera en el cielo enterito para él; eso he sentido yo a lo largo de todo este tiempo, como todo aquello que tú creías que lo era, todo acabó siendo polvo en la memoria de personas destrozadas.

Esto es simplemente un paréntesis, como una especie de carta 2.0 que a día de hoy sigo escribiéndote para honrar tu memoria, como cuando subo cada día al sitio donde con mis propias manos eché el polvo que te componía después de todo, como aquel árbol pelado que solo tú le volviste a dar vida con tu presencia dormida, un paréntesis en mi vida, como tratar de explicar que tengo que salir adelante y después de tantas y tantas horas aún no he sabido recomponerme.

365 días de puro amor-odio hacia mi persona, 365 días en los que quiero que se cierre este ciclo de penurias, tantos y tantos días que me hicieron encerrarme en una cicatriz llena de gusanos, pero que fue sanando poco a poco y reconstruyéndose como una cicatriz limpia.

Una historia que escribo con la lagrimilla fácil, pero no con el llanto del niño que te vio marchar, sino del hombre que te recuerda como lo mejor que le pasó en su vida.

365 días de historia, 365 días de las letras que componen un libro, un libro de los que solo queda aprender de los recuerdos.

15. Final

Así se cierra la historia de este niño que aprendió a andar de nuevo con dieciocho años, que aprendió a caminar solo, que aprendió lo que es la vida y lo que a día de hoy es la muerte. Un niño que lloró, sufrió y que, a pesar de estar hundido en el más remoto agujero de su vida, supo salir de nuevo, aprender de todo aquello que un día la vida le dio y que le quitó al poco tiempo; aprender que las cosas buenas no suceden sin esfuerzo; aprender que un día llega tu hora y que no puedes decidir si quedarte o no.

Una historia de desahogo que concluye con un año lleno de emociones, un año negro como describe el propio protagonista ilícito de acontecimientos que suceden a lo largo de meses de angustia, de doce meses de dolor.

Un libro escrito en tributo y en pleno homenaje a un hombre que fue todo en la vida del chaval que empezó escribiendo esto como refugio de sus penas y acabaría siendo el libro en el que más apoyo encontró de todos. Cuesta narrar tu propia historia en apenas 365 días, cuesta contar todo aquello que un día sufriste si empezaste siendo tímido y callado y acabaste contando con pelos y señales los días más difíciles de tu vida, y es que si algo se aprende de toda esta historia es que callarnos las cosas a veces hace que nos escondamos del exterior.

Una historia escrita en servicio de autoayuda a toda aquella gente que lo pasa mal, un desahogo para aquella persona que un día vio marchar a lo más importante que tenía en el momento y que supo salir de aquella; una obra con la que pararte a pensar en que, a pesar de las dificultades, tenemos que seguir viviendo, tenemos que salir una y otra vez de las piedrecitas que se nos estanquen por el camino.

Un relato personal que a día de hoy más de uno estaría dispuesto a luchar por él. Nunca he querido esconderme, nunca he querido ocultar lo que siento, pero tampoco he sido nunca de gritarlo a los cuatro vientos. Por eso hoy puedo decir que acerté el día que decidí empezar esta historia, me ha servido para ganar en vida, para volver a tener ganas de hacer cosas, para volver a tener ganas de demostrarle a mi padre la persona que se dejó en la tierra; ganas de volver a querer reír, de querer volver a sentir, ganas de compartir con mi familia todo aquello que me pase, de acercarme más a los míos y confiar en aquellos que un día me dieron la mano, ganas de llorar, de aburrirme, ganas de pasarlo bien, y de ser el hombre que un día quise ser.

Eso es para mí toda esta historia. No son más que cuatro hojas mal escritas que posiblemente nadie acabe leyendo, pero que simplemente con haberme refugiado entre las líneas escritas de este relato y haber ganado en vida, con siquiera una persona que lo acabe leyendo yo ya seré feliz.

Un día me tocó cambiar como último recurso y ahora sé lo que es sonreír después de todo; ahora sé lo que es la calma después de la tormenta; ahora sé que ser escritor para mí no significa nada más que saber desahogarte y saber qué es lo que quieres mostrar. Ahora he aprendido a evadirme de mis malos pensamientos, he aprendido a escribir una verdadera historia de emociones, he sabido jugar con la autoayuda personal y he sabido quererme a lo largo de toda esta historia. Ahora es cuando me doy cuenta de que todo es posible si lo intentas, ahora es cuando soy feliz, cuando me he enamorado de mí mismo, cuando quiero salir a comerme mis propios sueños y ahora es cuando he aprendido a ayudar al de al lado cuando peor estaba.

Así es cómo una historia que empezó como cachondeo acabó siendo lo más parecido a un amigo confidente, una especie de diario secreto que quise que saliera a la luz para que todo el mundo fuera capaz de ver lo que puede llegar a sufrir una persona y desde dónde se puede volver a empezar de cero. Una historia en la que posiblemente haya tenido muchos giros de guion, donde simplemente quise mostrarme tal y como soy; donde conté con pelos y señales lo más difícil de mi año, pero también donde quise mostrar que fui feliz a pesar de todo, rodeado de los míos; donde me equivoqué, pero rectifiqué para sanar; donde se cerraron no una ni dos, sino muchas heridas abiertas; donde posiblemente un día quiera volver a retomarlo desde donde lo dejé. Una historia que me ha servido para darme cuenta de que nunca es tarde para nada, que siempre es buen momento para decir lo que siente, que siempre es buen momento para llorar si así lo necesitas, buen momento para enamorarme, para equivocarme mil veces más si hiciera falta, buen momento para charlar, para irme de cervezas, para disfrutar de la vida y para decir un «te quiero».

Un día me levanté siendo el más feliz de todos, como un día cualquiera, y acabé planteándome todo a mi alrededor, quizás ese sea el principal motivo para saber que nunca es tarde para nada, y que en cualquier momento que creas tenerlo todo, no te confíes, puedes perderlo. Un día no es que quisiera cambiar, sino que la vida me hizo cambiar, convertirme en quien hoy soy y decirte a ti que lees esto que no esperes a que la vida te cambie. Que tengas ganas de comerte el mundo y que cuanto antes te des cuenta de que estamos de paso antes dejarás de arrepentirte de no haber hecho eso que llevabas mucho queriendo hacer; de no aprender a vivir, a disfrutar, enseñarte que todo llega cuando tiene que llegar y que algún día la vida te dará todo aquello que un día sufriste.

Hoy me levanto pensando en que detrás de cada cosa mala no está el final de todo; hoy me levanto sabiendo que esto va por rachas e intentando sacar el lado bueno de las cosas; hoy me levanto siendo el niño chico que un día fui, con esas ambiciones que hablaba desde el principio, pero habiendo madurado y habiendo ganado en experiencias y en vida. Ahora sé lo que es un amigo y lo que es el amor, ahora sé que vinimos a este mundo para no fallarnos a nosotros mismos.

Me despido así tal y como empecé este libro tan natural. Me llamo David González, tengo diecinueve años y he sido narrador en primera persona de una historia de 365 días que me cambió por completo, y que espero que ahora que ha llegado a su fin no solo me haya cambiado a mí.